Paso 1
Ingresa a www.openlightbox.com

Paso 2
Ingresa este código único
AVS79462

Paso 3
¡Explora tu eBook interactivo!

Tu eBook interactivo trae...

El oso negro

Iniciar

Comparte

AV2 es compatible para su uso en cualquier dispositivo.

Audio
Escucha todo el lobro leído en voz alta

Videos
Mira videoclips informativos

Enlaces web
Obtén más información para investigar

¡Prueba esto!
Realiza actividades y experimentos prácticos

Palabras clave
Estudia el vocabulario y realiza una actividad para combinar las palabras

Cuestionarios
Pon a prueba tus conocimientos

Presentación de imágenes
Mira las imágenes y los subtítulos

Comparte
Comparte títulos dentro de tu Sistema de Gestión de Aprendizaje (LMS) o Sistema de Circulación de Bibliotecas

Citas
Crea referencias bibliográficas siguiendo los estilos de APA, CMOS y MLA

Este título está incluido en nuestra suscripción digital de Lightbox

Suscripción en español de K–5 por 1 año
ISBN 978-1-5105-5935-6

Accede a cientos de títulos de AV2 con nuestra suscripción digital.
Regístrate para una prueba GRATUITA en www.openlightbox.com/trial

Se garantiza que los componentes digitales de este libro estarán activos por 5 años.

El oso negro

Animales en mi patio

CONTENIDOS

- 2   Código del libro AV2
- 4   Este es el oso negro
- 6   Su familia
- 8   Nariz grande
- 10   Garras largas
- 12   Qué come
- 14   Cómo se comunica
- 16   Dónde vive
- 18   En su madriguera
- 20   Cómo protegerse
- 22   Datos sobre los osos negros

Este es el oso negro.

Tiene un pelaje negro y tupido que lo mantiene abrigado.

Osos de América del Norte

Oso polar **Oso pardo** **Oso negro**

5

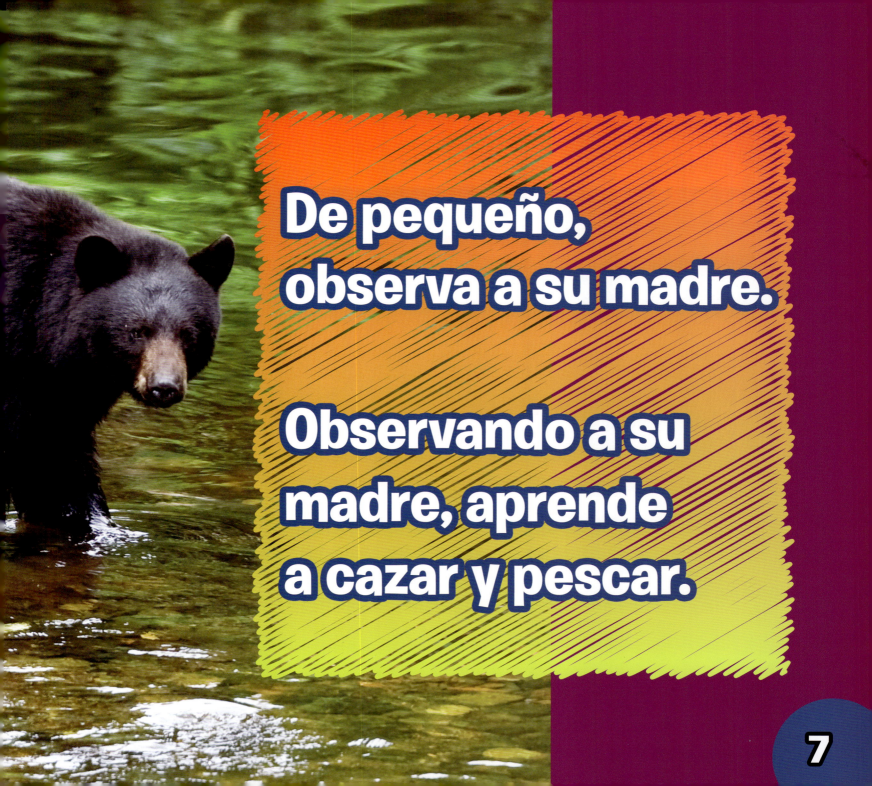

De pequeño, observa a su madre.

Observando a su madre, aprende a cazar y pescar.

Huele con su gran nariz.

8

Con su gran nariz, puede encontrar comida fácilmente.

Excava con sus largas garras.

Con sus largas garras, puede desenterrar plantas y voltear troncos.

Come carne y plantas con sus fuertes dientes.

Con sus fuertes dientes, puede despedazar su comida.

Dieta del oso negro

Insectos
Plantas
Otros animales

Usa muchos sonidos diferentes para comunicarse.

Para comunicarse, claquea, gime y gruñe.

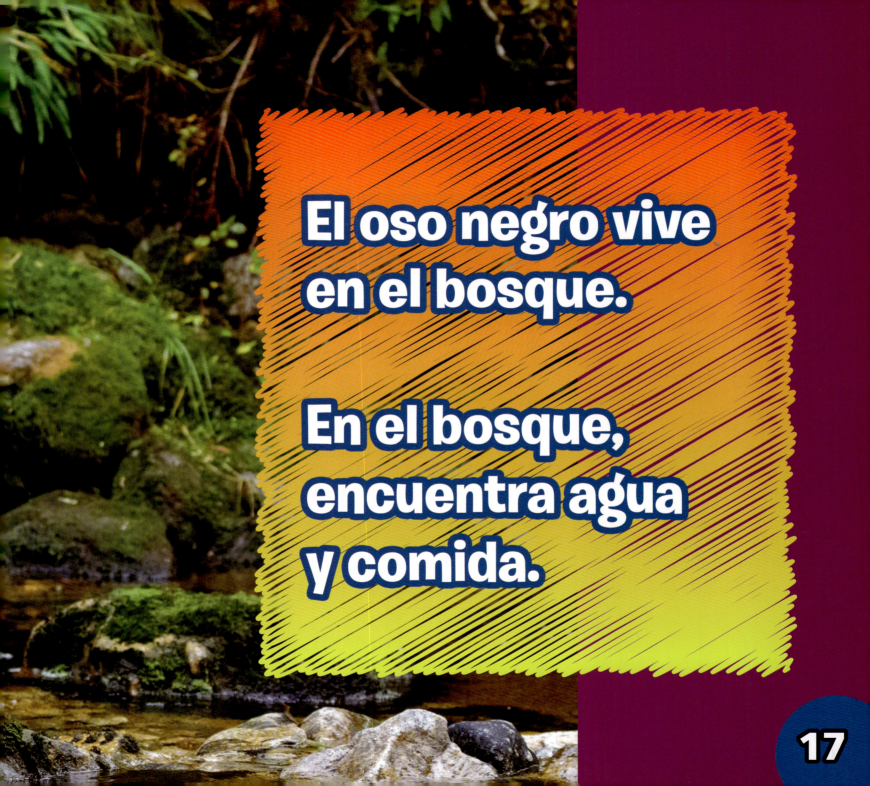

El oso negro vive en el bosque.

En el bosque, encuentra agua y comida.

Se protege de la nieve y el frío en su madriguera.

En su madriguera, duerme todo el invierno.

Si te encuentras con un oso negro, tal vez se sorprenda y es posible que no se vaya.

Si te encuentras con un oso, aléjate.

21

Datos sobre los osos negros

Estas páginas ofrecen información detallada sobre los interesantes datos de este libro. Están dirigidas a los adultos, como soporte, para que ayuden a los jóvenes lectores a redondear sus conocimientos sobre cada animal presentado en la serie *Animales en mi patio*.

Páginas 4–5

Los osos negros son mamíferos. Los mamíferos están cubiertos por pelaje o pelo. El pelaje del oso puede ser de color negro, marrón o canela para poder camuflarse en su entorno y esconderse del peligro. Algunos osos negros pueden ser blancos y se los suele llamar osos espíritu. El oso negro es el tipo de oso más común en América del Norte.

Páginas 6–7

Los osos negros bebés aprenden de sus mamás. La mamá osa tiene dos o tres oseznos durante el invierno. Cada osezno pesa aproximadamente 7 onzas (200 gramos), algo así como un cartón de jugo. Los oseznos nacen con los ojos cerrados. La mamá los alimenta hasta la primavera. Los oseznos se quedan junto a su mamá por dos años, aprendiendo a buscar comida, cazar y pescar. Cuando dejan a su mamá, viven solos.

Páginas 8–9

El oso negro tiene una nariz grande. Los osos no tienen buena vista, pero tienen un excelente sentido del olfato y oído. El oso negro se mueve hacia donde sopla el viento y se para sobre sus dos patas traseras para oler el aire. Los osos negros usan su sentido del olfato para cazar animales pequeños y buscar comida en el bosque. Pueden oler a sus presas hasta a 1 milla (1,6 kilómetros) de distancia.

Páginas 10–11

Los osos negros tienen garras largas. Sus garras también son filosas. El oso usa sus garras para cavar, voltear y levantar objetos y así encontrar hormigas y otros insectos para comer. Sus fuertes garras también le permiten trepar árboles rápidamente. Para escapar del peligro, un osezno puede trepar fácilmente 100 pies (30 metros), la altura de dos postes de teléfono puestos uno sobre el otro.

Páginas 12–13  **Los osos negros tienen dientes fuertes.** Los osos negros son onmívoros. Esto significa que pueden comer tanto carne como plantas. Con sus dientes fuertes y filosos pueden masticar carnes duras y peces resbaladizos. La larga lengua del oso le permite agarrar y comer arándanos, bayas y hormigas. Para prepararse para el invierno, el oso negro puede pasar hasta 20 horas por día comiendo.

Páginas 14–15  **Los osos se comunican con diferentes sonidos.** Los osos negros se comunican con sonidos y acciones. Pueden claquear los dientes, gemir o gruñir. Si se sienten amenazados, pueden sacudir la cabeza y abrir la boca. Si sienten curiosidad por algo, pueden pararse en dos patas. Cuando están en peligro, los oseznos pueden hacer un sonido similar al del llanto de un bebé humano.

Páginas 16–17  **Los osos negros viven en el bosque.** La mayoría de los osos negros viven en bosques densos, lejos de los humanos. En el bosque, suelen tener agua cerca. Los osos negros son buenos nadadores y pescan en los ríos y lagos. Muchas veces, los campamentos los atraen, si la comida no está guardada en un lugar seguro. Un oso puede romper fácilmente unrefrigerador con sus dientes para buscar comida.

Páginas 18–19  **Los osos negros duermen en una madriguera para no tener frío.** Los osos negros viven en madrigueras dentro de cuevas o bajo los tocones de los árboles. La madriguera los protege del mal clima y les permite hibernar durante el invierno. Allí duermen calentitos cuando es más difícil encontrar comida. Algunos osos pueden pasar casi la mitad de su vida en la madriguera.

Páginas 20–21  **Se pueden encontrar osos negros en parques y áreas naturales.** Los senderistas deben hacer ruido para advertir a los osos que hay gente cerca. Si alguien sorprende a un oso o queda entre una osa y sus oseznos, el oso puede atacar. El oso negro puede correr a una velocidad de 35 millas (56 km) por hora.

Published by Lightbox Learning Inc.
276 5th Avenue, Suite 704 #917
New York, NY 10001
Website: www.openlightbox.com

Copyright ©2026 Lightbox Learning Inc.
All rights reserved. No part of this publication may be reproduced, stored in a retrieval system, or transmitted in any form or by any means, electronic, mechanical, photocopying, recording, or otherwise, without the prior written permission of the publisher.

Library of Congress Control Number: 2024947262

ISBN 979-8-8745-1370-2 (hardcover)
ISBN 979-8-8745-1372-6 (static multi-user eBook)
ISBN 979-8-8745-1374-0 (interactive multi-user eBook)

102024
101724

Printed in Guangzhou, China
1 2 3 4 5 6 7 8 9 0   29 28 27 26 25

Designer: Jean Rodriguez
English Project Coordinator: Heather Kissock
Spanish Project Coordinator: Sara Cucini
English/Spanish Translation: Translation Services USA

Every reasonable effort has been made to trace ownership and to obtain permission to reprint copyright material. The publisher would be pleased to have any errors or omissions brought to its attention so that they may be corrected in subsequent printings.

The publisher acknowledges Getty Images, Alamy, Minden Pictures, and Shutterstock as the primary image suppliers for this title.

24